essentials

essentials liefern aktuelles Wissen in konzentrierter Form. Die Essenz dessen, worauf es als „State-of-the-Art" in der gegenwärtigen Fachdiskussion oder in der Praxis ankommt. *essentials* informieren schnell, unkompliziert und verständlich

- als Einführung in ein aktuelles Thema aus Ihrem Fachgebiet
- als Einstieg in ein für Sie noch unbekanntes Themenfeld
- als Einblick, um zum Thema mitreden zu können

Die Bücher in elektronischer und gedruckter Form bringen das Fachwissen von Springerautor*innen kompakt zur Darstellung. Sie sind besonders für die Nutzung als eBook auf Tablet-PCs, eBook-Readern und Smartphones geeignet. *essentials* sind Wissensbausteine aus den Wirtschafts-, Sozial- und Geisteswissenschaften, aus Technik und Naturwissenschaften sowie aus Medizin, Psychologie und Gesundheitsberufen. Von renommierten Autor*innen aller Springer-Verlagsmarken.

Weitere Bände in der Reihe http://www.springer.com/series/13088

Matthias Weber

Fahrplan für Projektmanagement in sechs Schritten

So behalten Sie Kosten, Termine und Reifegrad im Blick

Matthias Weber
Schorndorf, Deutschland

ISSN 2197-6708   ISSN 2197-6716 (electronic)
essentials
ISBN 978-3-658-33978-4   ISBN 978-3-658-33979-1 (eBook)
https://doi.org/10.1007/978-3-658-33979-1

Die Deutsche Nationalbibliothek verzeichnet diese Publikation in der Deutschen Nationalbibliografie; detaillierte bibliografische Daten sind im Internet über http://dnb.d-nb.de abrufbar.

Lektorat: Stefanie Winter
Springer Gabler ist ein Imprint der eingetragenen Gesellschaft Springer Fachmedien Wiesbaden GmbH und ist ein Teil von Springer Nature.
Die Anschrift der Gesellschaft ist: Abraham-Lincoln-Str. 46, 65189 Wiesbaden, Germany

Was Sie in diesem *essential* finden können

- Eine integrierte Projektplanung und -steuerung
- Übersicht und Zusammenfassung über die aktuellen Projektmanagement-Methoden und -Techniken
- Eine neue Methode der Projektfortschrittstechnik und zum Reifegrad
- Einen praktischen Fahrplan für Projekte
- Projekte erfolgreich und effizient umsetzen

Vorwort

Ob traditionelles, klassisches, agiles oder weitere „Projektmanagement-Varianten", das Management muss sich an das Projekt anpassen, nicht umgekehrt. Etwa die Hälfte aller Projekte scheitern und weitere 30 % überschreiten den Termin- und Kostenrahmen deutlich. Mithilfe einer neuen Methode wie sie im Hauptteil beschrieben ist, lässt sich dies stark verbessern. Es handelt sich um eine integrierte Betrachtung von Kosten, Termine und Reifegrad sowie einer kausalen Interpretation und Entscheidungsfindung. In sechs Schritten zu einem erfolgreichen Projekt. Diese neue Methode wurde schon vielfach an einfachen und komplexen Projekten erprobt. Ich möchte hier keine großen Theoriebeschreibungen geben, sondern die Anwendung für ein Projekt schrittweise erklären. Die Methode kann für alle Arten von Projekten angewandt werden. Eine unverzichtbare Vorgehensweise zum erfolgreichen Projekt auch für schon erfahrene Projektmanager.

Matthias Weber

Inhaltsverzeichnis

Über den Autor

 **Matthias Weber,** Dipl.-Ing., hat Maschinenbau an der Universität Stuttgart studiert. Seit 1988 ist er bei einem namhaften Automobilunternehmen beschäftigt und hat mehrere verantwortliche Funktionen in unterschiedlichen Unternehmensbereichen ausgeübt. Er war mitverantwortlich für die Einführung von Projektmanagementsystemen, die Weiterentwicklung von PM-Methoden und die Schulung neuer Projektmitarbeiter. Er ist zertifizierter Projektmanager Level D und Scrum Master und hält seit vielen Jahren Vorlesungen zu dieser Thematik an der Hochschule Aalen.

Weber-Management@t-online.de

Einleitung

1

Nicht schon wieder …, werden Sie sich denken nachdem Sie den Titel gelesen hatten. Aber (und nun kommt natürlich das Aber) ich kann Ihnen versprechen: Erstens werden Sie im Hauptteil (Kap. 5) eine neue Methode kennenlernen, die es so bisher nicht gibt. Zweitens habe ich hier aus meiner langjährigen Erfahrung das Beste aus allen möglichen Methoden herausgesucht.

Es soll hier auch ein kleiner Leitfaden (neudeutsch sagt man Kochbuch) für das Planen und Durchführen eines Projekts beschrieben werden. Das heißt Sie könnten die ersten Kapitel überspringen und gleich zum Hauptteil gehen und mit dessen Hilfe der beschriebenen Schritte sofort ein Projekt beginnen. Das ist durchaus möglich, aber ich muss davor warnen: Die Wahrscheinlichkeit, dass das Projekt scheitert ist groß.

Etwa die Hälfte aller Projekte scheitern und weitere 30 % überschreiten den Termin- und Kostenrahmen deutlich. Nur ein Drittel der Unternehmen erreicht eine Projektperformance von 80 % oder besser. Nur 45 % der IT-Projekte können den geplanten Nutzen nicht erbringen. In Deutschland sind 43 % der Projekte rentabel bzw. effektiv, davon sind 31 % effizient und nur 13 % der Projektarbeit tragen zur Wertsteigerung bei. Daraus folgen ca. 150 Mrd. € Verschwendung pro Jahr in Deutschland.

Das ist eine knappe Zusammenfassung aus Studien, die schon etwas länger zurückliegen, genauer gesagt zwischen 2002 und 2007, aber die Aussagen und der Trend haben sich in den 10 Jahren nicht verändert. Aus meiner Erfahrung gilt dies auch noch heute. Es sind z. B. Studien, wie 2002 Droege & Comp. mit 164 deutsche Großunternehmen [1], 2002 KPMG mit 124 internationale Unternehmen [2] und Manfred Gröger in projektMANAGEMENT 4/2004 [3], 2007 GPM-Projektmanagement Studie mit PA Consulting Group [4]. Eine neuere Studie [5] aus 2016 von Project Management Institute (PMI) besagt, dass weltweit pro Milliarde US-Dollar, die für Projekte aufgewendet wurden, 122 Mio. US$ verschwendet werden. Grund genug also, um sich über Projektmanagement Gedanken zu machen, z. B. mit der Methode wie im Hauptteil (Anleitung/Leitfaden Projekt) beschrieben.

Dazu ist es notwendig zu Beginn Definitionen festzulegen, um was geht es und danach die konkreten Schritte zu beschreiben.

Viel Erfolg wünsche ich Ihnen damit für Ihr nächstes Projekt.

Definition Projekt

2

Der „Hype" um Begriffe wie Scrum, LEAN, Schwarm, Agil, Design-Thinking, Six Sigma, Extreme Programming (XP) oder hybrides Projektmanagement ist schon erstaunlich. Einfaches, normales Projektmanagement (= PM) ist „out". Oft werden die oben genannten Beispiele vermischt, um nicht zu sagen durch einander gebracht, und auch falsch verstanden. Kein Wunder, es sind ja „neudeutsche" Begriffe, das ist modern, hat aber auch den Nachteil, dass vieles aus dem Englischen in das Deutsche nicht korrekt übersetzt wird (Anmerkung: ein prominentes Beispiel dafür ist das Wort Handy oder Home Office).

Es kommt mir so vor, als ob diese Begriffe inflationär verwendet werden und ich möchte dieses Wirrwarr etwas entflechten.

Grundsätzlich unterscheide ich zunächst zwischen Philosophie, Methode (bzw. Vorgehen), und Werkzeugen. Aus Literatur, Wörterbüchern, „Duden" und Internet (Wikipedia) habe ich Zusammenfassungen und Definitionen gefunden, die ich wie folgt festlegen möchte:

Philosophie: ist die Lehre von den grundlegenden Bestimmungen und Strukturen des Lebens, der Welt und des Wissens oder ein bestimmtes, in sich geschlossenes System von Antworten auf die Frage nach Grundstrukturen.

Methode: ist ein planmäßiges, systematisches Verfahren zur Erreichung eines Ziels oder eine bestimmte Art des Handelns. Den Begriff Vorgehen würde ich synonym sehen: Es ist eine Handlungsweise, um in einer bestimmten Situation vor zu gehen, sich abspielen oder sich zutragen.

Werkzeuge: Sind die Hilfsmittel, um mit einer bestimmten Methode oder Philosophie die Ziele zu erreichen.

© Der/die Autor(en), exklusiv lizenziert durch Springer Fachmedien Wiesbaden GmbH, ein Teil von Springer Nature 2021
M. Weber, *Fahrplan für Projektmanagement in sechs Schritten*, essentials, https://doi.org/10.1007/978-3-658-33979-1_2

2.1   Definition Projekt und Projektmanagement

Projekt: Nach DIN 69901 ist ein Projekt ein Vorhaben, das im Wesentlichen durch Einmaligkeit der Bedingungen in ihrer Gesamtheit gekennzeichnet ist, wie z. B. Zielvorgabe, zeitliche, finanzielle, personelle oder andere Begrenzungen und projektspezifische Organisation.

Projektmanagement (PM): Ist die Gesamtheit von Führungsaufgaben, - organisation, -techniken und -mitteln für die Initialisierung, Definition, Planung, Steuerung und den Abschluss von Projekten.

Inhalte/Aufgaben: PM wacht über den Regelkreis Planung-Durchführung-Kontrolle-Steuerung,

Merkmale: Zusammenschluss von mehreren Personen, die einzeln die Aufgaben nicht bewältigen könnten, Ressourcen müssen beschafft, kombiniert, koordiniert und genutzt werden, eine Organisation gibt den Rahmen, innerhalb dessen die Managementaufgaben durchgeführt werden.

Im Geschäftsleben gibt es grundsätzlich Tätigkeiten (berufliche Beschäftigung) oder Aufgaben (eine Aufgabe ist in der Organisationslehre die von einem Aufgabenträger wahrgenommene, dauerhaft geltende Anforderung, Verrichtungen an Arbeitsobjekten zur Erreichung bestimmter Ziele durchzuführen). Aufgabe ist z. B. Probleme zu lösen, Hindernisse zu beseitigen oder ein Produkt herstellen und verkaufen. Eine bestimmte Aufgabe kann projekthaft durchgeführt oder wie man so schön sagt, als immer wiederkehrende Tätigkeit in der Line abgearbeitet werden. Für das Projektmanagement ergibt sich aus den oben genannten Definitionen, dass der Begriff LEAN als Philosophie angesehen und Scrum, Schwarm, Agil, Design-Thinking, Six Sigma, Extreme Programming (XP) usw. als Methode bzw. Vorgehen angesehen werden. Wobei Srum und XP zwei von vielen Unterpunkten der Agilen Methoden sind. Hybrides Projektmanagement ist für mich ein Projektmanagement, das in einem Projekt unterschiedliche Methoden verwendet.

2.2   Design-Thinking

Es wäre zunächst zu unterscheiden, ob hier das englische „to design" gemeint ist oder das eingedeutschte Wort Design. Für das englische to design gibt es viele Übersetzungen: planen, konzipieren, auslegen, zeichnen, entwerfen, konstruieren oder aufbauen, um nur einige zu nennen. Das deutsche Wort Design wird eher im Sinne von schöner Gestalt verwendet. Ein Designer ist ein Gestalter, der formt und gestaltet Medien (wie Fotografien, Filme, Webseiten) oder Produkte der unterschiedlichsten Art (Bekleidung, Möbel, Haushaltsgegenstände, Automobile, Schmuck und Werkzeuge). Der Ingenieur ist die Berufs- bzw. Standesbezeichnung für Fachleute auf dem Gebiet der Technik. Auch dieser plant, konzipiert, entwickelt und konstruiert. Der Unterschied zum Designer ist in Deutschland in der öffentlichen Wahrnehmung vor allem durch Luigi Colani geprägt. Also eher das Äußere, die Form der Produkte gestalten, während der Ingenieur die Technik dahinter gestaltet.

In Wikipedia habe ich folgende Definition für Design-Thinking gefunden [7]:

> „Design-Thinking basiert auf der Annahme, dass Probleme besser gelöst werden können, wenn Menschen unterschiedlicher Disziplinen in einem die Kreativität fördernden Umfeld zusammenarbeiten, gemeinsam eine Fragestellung entwickeln, die Bedürfnisse und Motivationen von Menschen berücksichtigen und dann Konzepte entwickeln, die mehrfach geprüft werden. Das Verfahren orientiert sich an der Arbeit von Designern, die als eine Kombination aus Verstehen, Beobachtung, Ideenfindung, Verfeinerung, Ausführung und Lernen verstanden wird".

Wenn das die Arbeit von Designern definiert, dann ist es dasselbe wie auch schon Ingenieure immer gearbeitet haben, systematisch, analytisch, logisch und kreativ. Also nichts Neues. Und Design-Thinking nach der obigen Definition wurde und wird im nicht mehr als en vogue angesehenen „traditionellen" PM durchgeführt. Hier werden auch interdisziplinäre Gruppen gebildet, die Kreativität gefördert usw. (siehe oben bei Definition PM Merkmale), also auch nichts Neues.

2.3   Schwarmorganisation

Eine kleine Kernorganisation (Steuereinheit) sorgt für die hierzu erforderlichen Rahmenbedingungen und unbedingt notwendigen Regeln. Die kleine Kernorganisation ist in meinem Verständnis das Team Projektleitung. Schwarm ist durch Selbstorganisation gekennzeichnet und stützt sich auf Freiwilligkeit und Selbstverantwortung. Ebenso Machverzicht auf allen Ebenen (Führungskräfte üben sich in Bescheidenheit und Demut). Kommunikation ist aktiv, offen und umfassend. Das Teilen von Erfahrung und Wissen führt zu gegenseitigem Lernen und steigert die Effizienz. All dies sind auch im PM Prinzipien.

2.4   Agiles Projektmanagement

Ausgelöst durch das „Agile Manifest" 2001 in den USA war es das Ziel agiler Softwareentwicklung, den Entwicklungsprozess flexibler und schlanker zu machen. Es entwickelten sich Methoden, die ein agiles Arbeiten ermöglichen, vorwiegend für Softwareprojekte, aber heute auch zunehmend für Produktprojekte. Agiles Projektmanagement ist historisch gesehen ein Oberbegriff für Vorgehensmodelle bei der Software-Entwicklung (z. B. Scrum oder XP) und heute soll es eine neue Denkweise im PM sein, (wobei Scrum nach meiner Meinung eher eine Arbeitstechnik denn eine Methode ist). „Agiles Projektmanagement" soll nach den Autoren vielmehr als eine Methode sein, um Aufgaben innerhalb des PM zu lösen. Mit dem Adjektiv „agil" wollen die Vertreter der „agilen" Prozesse bzw. des „Agilen Projektmanagements" zum Ausdruck bringen, dass sie Management und Steuerung von Projekten und Prozessen sehr dynamisch und flexibel gestalten wollen. „Agil" ist dabei der Nachfolgebegriff von „leicht" oder „leichtgewichtig" und soll die positiven Aspekte geringer Planungs- und Führungsintensität deutlicher herausheben. Oder anders gesagt, da es sich um eine inkrementelle und interaktive Vorgehensweise handelt, ist es flexibler. PM an sich ist und muss flexibel sein, ansonsten gibt es keinen Erfolg. Es kann durchaus Projekte geben, die eine geringere Planungs- und Führungsintensität benötigen, in 90 % der Fälle behaupte ich, ist die gute Planung aber die halbe Miete.

In den vergangenen Jahren wurde das methodische Vorgehen im Projektmanagement als eine relativ strikte Struktur verstanden. Insbesondere im Rahmen des Magischen Dreiecks wurde davon ausgegangen, dass die zu erreichenden Parameter als Grundlage der Abwicklung zu einem sehr frühen Zeitpunkt eingefroren werden mussten. Dieses führte dazu, dass zwar Leistung, Kosten und Zeit früh geplant und verabschiedet werden konnten, aber es aufgrund des mangelnden Informationsstandes zum Projekt-Start zu erhöhtem Änderungsaufwand kam und verstärkt Claims geltend gemacht wurden. So oder ähnlich habe ich dies in einer Fachzeitschrift gelesen. Dem muss ich stark widersprechen. PM, wie ich es seit 30 Jahren verstehe und praktiziere, ist flexibel, Parameter können sich im Laufe des Projekts ändern. Auch finde ich das „magische Dreieck" nicht korrekt. Es ist vielmehr ein Tetraeder, der die 4 Seiten Kosten, Termine, Kapazitäten und Qualität besitzt.

Zwischenruf: „Das magische Dreieck"

Das magische Dreieck [8] im Projektmanagement umfasst die drei Zieldimensionen: Zeit, Kosten und Leistung. Diese stehen in direkter Verbindung zueinander. Ihre Wechselwirkungen müssen sorgsam bedacht werden, um ein Projekt erfolgreich planen und durchführen zu können. Wenn an einer Ecke des

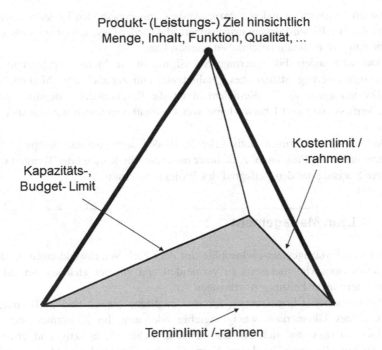

Produkt- (Leistungs-) Ziel hinsichtlich
Menge, Inhalt, Funktion, Qualität, ...

Kostenlimit /
-rahmen

Kapazitäts-,
Budget- Limit

Terminlimit /-rahmen

Abb. 2.1 Der magische Tetraeder

Dreiecks „gezogen" wird, dann verändern sich auch die beiden anderen Ecke. Im Grunde ist es jedoch ein magischer Tetraeder, denn es kommt noch die Dimension Qualität hinzu (siehe Abb. 2.1 Der magische Tetraeder).

Zu den Aufgaben des Projektmanagements zählt auch die Integration unterschiedlicher Detailziele in ein Gesamt-/ Hauptziel. Basierend auf einer strategischen Planung entstehen Idealziele, die gegebenenfalls durch die Randbedingungen (Limits) reduziert werden. Empfehlung: Es sollte klar zwischen Strategie und Projektsteuerung sowie zwischen Zielen und Randbedingungen getrennt werden.

2.5   Six Sigma

Six Sigma: Ist ein systematisches Vorgehen zur Prozessverbesserung unter Anwendung analytischer und statistischer Methoden. Das besondere an Six

Sigma im Vergleich zu anderen Prozessverbesserungsmethoden ist der mathematische Ansatz. Es wird davon ausgegangen, dass jeder Geschäftsprozess als eine mathematische Funktion beschrieben werden kann.

Oder eine andere Formulierung: Six Sigma ist ein Managementsystem zur Prozessverbesserung, statistisches Qualitätsziel und zugleich eine Methode des Qualitätsmanagements. Ihr Kernelement ist die Beschreibung, Messung, Analyse, Verbesserung und Überwachung von Geschäftsvorgängen mit statistischen Mitteln.

Auch im PM kommen statistische Methoden zum Einsatz. Beispiele sind Berechnungen für Prognosen, z. B. unter anderem, für Kosten oder Termine oder weitere Statistik, um den Reifegrad des Projekts zu ermitteln.

2.6   Lean Management

Lean ist eine Management-Philosophie mit dem Ziel, Verschwendungen in allen Bereichen eines Unternehmens zu vermeiden und mit der gleichen Anzahl an Mitarbeitern mehr Leistung zu erbringen.

Die deutschen Übersetzungen für das englische „lean" sind z. B. mager, dünn, knapp, kümmerlich, wenig ergiebig oder arm. Im Zusammenhang mit der Geschäftswelt hat sich die Übersetzung „schlank", effektiv und effizient eingebürgert. Beispiele in denen Lean eingesetzt wird: Lean Manufacturing (oder auch Lean Production), Lean Maintenance (Instandhaltung), Lean Office, Lean Construction (Baubranche), Lean Healthcare und andere (Dienstleistungsbereichen wie z. B. Softwareentwicklung, IT-Dienstleistungen, Kantinen oder Call-Center). Um „LEAN" im Unternehmen zu erreichen gibt es viele Methoden und Werkzeuge.

Der Fahrplan im Projektmanagement 3

Am Anfang eines jeden Projekts steht eine Idee oder ein Auftrag (siehe Abb. 3.1 Der Fahrplan im Projektmanagement). Die Aufgabe des Projektleiters und des Projektteams ist es nun diese Idee oder Auftrag zu realisieren. Dazu ist es zuerst notwendig Klarheit über die Ziele und die Randbedingungen zu bekommen. Natürlich könnten Sie auch sofort loslegen, vielleicht mithilfe einer agilen Methode oder Technik, wie z. B. Scrum. Um erfolgreich zu sein, müssen Sie aber auch da zuerst klären, was gemeint ist, also Ziele und Randbedingungen. Ob Sie das mithilfe einer Arbeitstechnik ähnlich Srum machen, bleibt Ihnen überlassen. Sie könnten dies auch mithilfe einer „Projekt-kick-off"-Veranstaltung machen, es gibt vielfältige Möglichkeiten. Aber es sollte getan werden, die Gefahr des Scheiterns ist sonst zu groß. Sie dürfen sich auch nicht der Illusion hingeben, dass dieser erste Schritt in ein paar Stunden erledigt ist. Bei großen Projekten kann dieser Vorgang mehrere Wochen dauern. Gegebenenfalls muss dieser Schritt auch im Laufe des Fahrplans aktualisiert oder neu gemacht werden.

Als Ergebnis des ersten Schritts haben Sie nun das eine Ziel oder auch die Ziele genau definiert und die Randbedingungen geklärt.

Das nächste was nun zu tun ist, ist eine Umfeldanalyse zu machen. Aus der Umfeldanalyse werden zwei weitere Analysen abgeleitet: Stakeholderanalyse und Risikoanalyse. Ich habe auch schon Projekte gesehen, die zuerst eine Risikoanalyse gemacht haben und danach die Ziele geklärt. Das halte ich persönlich für nicht sehr geschickt. Deshalb empfehle ich die Reihenfolge Ziele – Umfeldanalyse – Stakeholderanalyse – Risikoanalyse streng einzuhalten. Natürlich kann es möglich sein, dass Sie z. B. bei der Stakeholderanalyse feststellen, hoppla, da muss ich bei den Zieldefinitionen oder der Umfeldanalyse etwas ergänzen oder ändern. Dass man also oft auch wieder ein oder zwei Schritte im Fahrplan

M. Weber, *Fahrplan für Projektmanagement in sechs Schritten*, essentials, https://doi.org/10.1007/978-3-658-33979-1_3

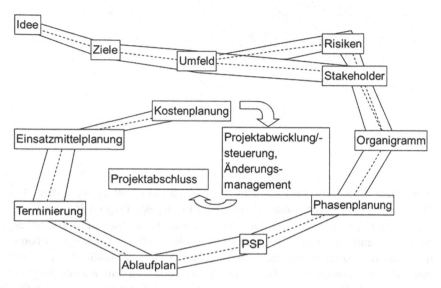

Abb. 3.1 Fahrplan im Projektmanagement

zurückgehen muss, ist durchaus realistisch (das nenne ich u. a. auch flexibel oder agil).

Die nächsten drei Schritte im Fahrplan können Sie auch in einer anderen Reihenfolge abarbeiten. Ich empfehle aber diese erledigt zu haben, bevor Sie zum zentralen Element kommen: den Projektstrukturplan, genannt PSP.

Nach den Analysen empfehle ich die Organisation, sprich das Organigramm des Projekts festzulegen. Danach eine Phasenplanung und dann der PSP. Die nächsten 4 Schritte sind auch nur in einer Reihenfolge sinnvoll: Aus dem PSP wird ein Ablaufplan gebildet, dieser wird terminiert, dann die Einsatzmittel und als letztes die Kosten geplant. Damit haben Sie wohl 60 % bis 70 % des gesamten Projektmanagementaufwands hinter sich gebracht. Jetzt kommt „nur" noch die Abwicklung, also Steuerung des Projekts. Neudeutsch wird dies Controlling genannt, viele verwechseln das mit kontrollieren. Dazu gehören Berichtswesen, Änderungsmanagement, Plan-Ist-Vergleiche, Prognosen, eine gute Entscheidungskultur und als Projektleiter natürlich immer das „Ohr am Puls des Projekts". Am Ende erfolgt noch eine Projektabschlussphase mit Projekt-oder Produktübergabe, einen Abschlussbericht und idealerweise die Entlastung des Projektteams und Auflösung.

Aber wie gesagt, es kann nötig sein an der einen oder anderen Stelle im Fahrplan wieder zurückzugehen und die Schritte zu wiederholen. Es ist also nicht starr.
Auch werden Sie im Laufe des Projekts Änderungen haben, sollten Sie diese im
Fahrplan anpassen. Wichtig ist die erste Planung als „Urplanung" einzufrieren,
damit Sie das Ziel nicht aus den Augen verlieren und zum Abschluss des Projekts auch „lessons learned" durchführen können. Aus Erfahrung weiß ich, dass
viele Führungskräfte diesen Aufwand scheuen. Aber ebenso weiß ich aus Erfahrung, dass die Projekte erfolgreich sind, die in etwa diesen Aufwand vor der
Abwicklung betrieben haben.

3.1 Ziele

In meinen Seminaren erlebe ich immer wieder, dass Teilnehmer sagen, Ziele?
Nichts einfacher als das. Dann fordere ich sie auf für ein Projekt Ziele zu benen-
nen. Nehmen wir als Beispiel, eine neue innovative Waschmaschine auf den Markt
zu bringen. Als Antwort für mögliche Ziele kommt dann: Die Waschmaschine
soll leise sein, wenig Energie verbrauchen und auch nicht zu teuer sein. Wenn ich
damit zu einem Auftragnehmer gehe, dann hat dieser alle Freiheiten, d. h. „leise
sein" wird z. B. jeder anders interpretieren.

Ziele sollen spezifisch sein, einfach und verständlich, nicht allgemein, sondern konkret, sie sollen messbar sein, operationalisiert (z. B. Leistung, Kosten),
sie sollen akzeptabel sein, erreichbar und sozial ausführbar (akzeptiert), sie
sollen realistisch sein, sachlich erreichbar und bedeutsam und sie sollen terminiert sein, zeitlich planbar. Dafür gibt es ein schönes Akronym: SMART,
S wie Specific/Simple (Spezifisch), M wie Meassurable (Messbar), A wie
Achievable/Attainable (Akzeptable), R wie Realistic/Relevant (Realistisch) und
T wie Timeable/Timely (Terminiert). Zwei weitere Akronyme wären: PURE
und AROMA. P wie positiv, U wie verständlich, R wie realistisch und Ewie
ethisch/moralisch oder A wie Annehmbar, R wie Realisierbar, O wie Objektiv,
M wie Messbar und A wie Aussagefähig.

Manchmal kommen dann Teilnehmer auf den Gedanken, dass genau 5 Ziele
für ein Projekt formuliert werden sollen, für jeden Buchstaben des Akronyms
ein Ziel. Für ein Projekt kann es viele Ziele geben, ein Oberziel und davon
abgeleitet mehrere Unterziele wie z. B. Terminziele, Kostenziele, Leistungsziele
oder Sozialziele usw. Es können durchaus auch Ziele sein, die sich gegenseitig
ausschließen oder unterstützen. Deshalb ist es oft sinnvoll die Ziele als Zielhierarchie mit Zielbeziehungen in einem Strukturbaum darzustellen (siehe Abb. 3.2
Einfache Zielhierarchie). Anschließend empfehle ich alle Ziele in einer Matrix

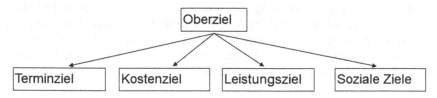

Abb. 3.2 Einfache Zielhierachie

miteinander zu vergleichen, jedes Ziel mit jedem. Dazu am besten jeden einzelnen Vergleich mit 5 Stufen bewerten (siehe Abb. 3.3 Analyse Zielbeziehungen).
Diese 5 Bewertungen sind:

- Antinom: Ziele schließen sich gegenseitig aus.
- Konkurrierend: Ziele beeinträchtigen sich gegenseitig.
- Neutral: Ziele beeinflussen sich nicht.
- Komplementär: Ziele unterstützen sich gegenseitig.
- Identisch: Ziele decken sich.

	Ziel Nr.	1	2	3	4	5	6
1	Bezeichnung 1						
2	Bezeichnung 2	o					
3	Bezeichnung 3	+	++				
4	Bezeichnung 4	o	o	o			
5	Bezeichnung 5	+	o	+	o		
6	Bezeichnung 6	+	--	+	o	+	

Zielidentität = ++, Zielkomplementarität = +
Zielneutralität = o
Zielkonkurrenz = -, Zielantinomie = --

Abb. 3.3 Analyse Zielbeziehungen

Sollten alle Ihre Ziele neutral, komplementär und identisch sein – prima, wenn konkurrierend oder antinom, dann sollten Sie die Ziele und Randbedingungen kritisch prüfen und eventuell umformulieren. Oder die Ziele bleiben so bestehen, dann auf die Konkurrierenden ein besonderes Auge haben und eventuell in die Risikoanalyse mit einfließen lassen. Für die Antinomen empfehle ich eine Rangfolge zu bilden und Prioritäten festlegen, oder entfernen. Eine Priorisierung oder Rangfolgenbildung lässt sich sehr gut mithilfe einer Nutzwertanalyse oder dem Paarweisen Vergleich durchführen. Eine detaillierte Erklärung zu Nutzwertanalyse und Paarweisen Vergleich erfolgt im Nachfolgebuch.

Zurück zum Beispiel Waschmaschine, ein Ziel könnte lauten: Die Waschmaschine soll während des Hauptwaschgangs konstant maximal 20 dB und während des Schleudergangs maximal 35 dB haben. Der gesamte Energieverbrauch aller Waschvorgänge darf 15 kWh nicht überschreiten.

Vermutlich werden Sie nun einwenden, dies könnte so auch im Lastenheft stehen. Richtig, nur soll die Zieldefinition am Beginn eines Projekts nicht ein notwendiges Lastenheft ersetzen. Es gibt ja auch Projekte, die kein Lastenheft im Sinne von technischen Produkten benötigen. Zieldefinitionen können eine Vorüberlegung für ein späteres Lastenheft sein.

Für die Praxis habe ich noch einen Tipp: Erstellen Sie für Ihr Projekt einen Steckbrief, manche nennen es auch Projektauftrag. Ein Projektsteckbrief beschreibt auf ein bis zwei DIN A4 Seiten die wichtigsten Eckpunkte: Zweck, Ziel, Auftraggeber, Auftragnehmer, Termine, Ressourcen, Restriktionen, Nichtziele und eventuell noch die Organisation, Grobplanung, Berichtswesen, Risiken und gesetzliche Vorgaben.

Ein weiterer Praxistipp ist eine Checkliste für den Beginn eines Projekts:

- Wurde die Checkliste Startsituation vollständig durchgearbeitet?
- Wurden Informationslücken gesucht und geschlossen?
- Wurde der Detaillierungsgrad angemessen gewählt?
- Wurden alle Informationen nach Tatsachen, begründeten Annahmen und Vermutungen klassifiziert?
- Wurde der Auftraggeber persönlich befragt?
- Wurden Erfahrungsberichte ausgewertet?
- Wurde das Know-how früherer Projektleiter genutzt?
- Wurde auf mögliche oder notwendige Sofortmaßnahmen geachtet?

Als Abschluss für das Kapitel Ziele habe ich noch zwei Zitate, die aus meiner Erfahrung die Sache gut darstellen:

J.W. Goethe: Vom Ziel haben viele Menschen einen Begriff, nur möchten sie
es gerne schlendernd erreichen. Die Schwierigkeiten wachsen, je näher man dem
Ziel kommt.
    Zitat Konfuzius: Über das Ziel hinausschießen ist eben so schlimm, wie nicht
ans Ziel kommen.

3.2   Umfeldanalyse

In einer Umfeldanalyse werden die Faktoren beschrieben, die für mein Projekt relevant sind und eine wichtige Bedeutung haben. Dazu wird eine Matrix
erstellt mit den Überschriften auf der Senkrechten „Sachlich und/oder inhaltlich"
und „Sozial und/oder menschlich". Auf der Waagrechten sind die Überschriften
„Direkt und/oder intern" und „Indirekt und/oder extern". Damit haben Sie eine
4-Felder-Matrix (siehe Abb. 3.4 Matrix Umfeldanalyse). Nun suchen Sie alle Faktoren und ordnen Sie diese in eines der 4 Felder ein. Entscheidend ist nicht in
welches Feld der Faktor eingeordnet wird, sondern, dass alle wichtigen Faktoren
gefunden werden. Die Überschriften der Matrix können auch als Hilfe verwendet
werden, um Faktoren zu finden: Z. B. Was betrifft das Projekt direkt oder intern?
Es ist auch möglich, dass ein Faktor in mehreren Feldern gleichzeitig steht. Der
Faktor Kunde hat z. B. gleichzeitig Aspekte in „Sozial und/oder menschlich"
und „Sachlich und/oder inhaltlich" und in der Spalte „Direkt und/oder intern".
Eine Hilfe um Faktoren zu finden sind auch die Fragen „welche Sachfaktoren
gibt es" und „welche Sozialfaktoren gibt es"? Die Sachfaktoren können noch
weiter in natürliches Umfeld, technisches Umfeld, ökonomisches Umfeld und
rechtlich-politisches Umfeld unterteilt werden.
    Somit haben Sie Ihre Umfeldanalyse erstellt und wissen nun was für Ihr
Projekt wichtig ist. Wenn Sie noch darüber hinaus eine Detaillierung möchten, so kann ich empfehlen eine Schnittstellentabelle zu erstellen. Eine Tabelle
mit 3 Spalten: Laufender Nummer, Schnittstelle, Beschreibung. Sie notieren hier
Schnittstellen, die zwischen zwei Faktoren sein können und beschreiben diese,
also was genau, warum, weshalb und die Besonderheiten oder Auswirkungen.

3.3   Stakeholderanalyse

Es gibt Promotoren, das sind Projektbefürworter und Opponenten, das sind Pro-
jektgegner. Alle zusammen sind Stakeholder. Stakeholder sind alle am Projekt
direkt und indirekt Beteiligte. Diese haben unterschiedliche Interessen. Manche

Abb. 3.4 Matrix
Umfeldanalyse

	direkt oder intern	Indirekt oder extern
sachlich oder inhaltlich	Faktor 2 Faktor 5	Faktor 1 Faktor 6
sozial oder menschlich	Faktor 1 Faktor 7 Faktor 8	Faktor 3 Faktor 4

können Ihrem Projekt schaden und manche helfen Ihnen Ihr Projekt erfolgreich zu Ende zu bringen. Aus diesem Grund wird eine Stakeholderanalyse benötigt. Um die Stakeholder zu identifizieren dient als Basis die Umfeldanalyse, aus dieser können Sie Stakeholder ableiten und natürlich davon unabhängig auch weitere suchen.

Alle Stakeholder notieren Sie in einer Tabelle mit 5 Spalten (siehe Tab. 3.1 Tabelle Stakeholder): Laufende Nummer, Stakeholder Name, Interesse, Konfliktpotenzial und Machtpotenzial. In der Spalte „Stakeholder Name" empfehle ich konkrete Namen einzutragen, nicht nur allgemeine Gruppen oder Platzhalter. In der Spalte „Interesse" wird notiert welches Interesse der Stakeholder an meinem Projekt hat. Das kann ruhig etwas ausführlicher beschrieben werden. Empfehlung für die Praxis: Zuerst nur diese drei Spalten ausfüllen und wenn alle Stakeholder notiert sind, dann die Bewertung angehen. Selbstverständlich gilt für diese Tabelle, wie auch für alle anderen Tabellen und Matrizen, dass sie jederzeit aktualisiert, geändert und ergänzt werden können.

Nun kommt die Bewertung. In der Spalte Konfliktpotenzial wird der Stakeholder bewertet wie hoch oder wie groß ein möglicher Konflikt sein kann. Welche Konflikte können entstehen und wie groß sind diese? In der Spalte Machtpotenzial wird bewertet wie hoch oder wie groß die Macht des Stakeholders ist. Hat der Stakeholder die Macht dem Projekt zu schaden oder zu helfen und wenn ja wie hoch? Aus Erfahrung reicht zur Bewertung eine 3er-Skala aus. Sie können aber auch eine 5er- oder 10er-Skala oder Schulnoten wählen. In der Praxis reicht eine Ordinalskala von gering, mittel und hoch als Bewertung aus. Es müssen keine Zahlen wie z. B. 1, 2 oder 3 sein, da später damit nicht gerechnet wird (siehe Abb. 3.5 Portfolio Stakeholder).

Bei großen Projekten ist die Wahrscheinlichkeit hoch, dass es sehr viele Stakeholder gibt, das können gut mehr als 100 sein. Aus diesem Grund visualisiere ich nun die Tabelle. Alternativ kann sie auch nach Konflikt- und Machtpotenzial sortiert werden. Aber denken Sie daran, dass Sie die Ergebnisse auch dem oberen Management bzw. der Geschäftsleitung oder dem Auftraggeber präsentieren müssen. Deshalb also mithilfe eines Portfolios visualisieren. Ein Portfolio ist eine zweidimensionale Grafik. Eine Achse ist Konfliktpotenzial und die andere Machtpotenzial, sodass sich in diesem Fall (bei einer 3er-Skala) 9 Felder ergeben. Üblicherweise sind die Felder, die sich aus dem Schnitt von mittel + hoch, hoch + hoch und hoch + mittel ergeben in Rot (also wichtig, kritisch oder problematisch), die Felder aus dem Schnitt von gering + hoch, mittel + mittel und hoch + gering in Gelb (also nicht so wichtig, nicht so kritisch oder nicht so problematisch) und die Felder aus dem Schnitt von gering + mittel, gering + gering und mittel + gering in Grün (also nicht wichtig, nicht kritisch oder nicht problematisch) eingefärbt. Nun tragen Sie alle Stakeholder mit den Bewertungsergebnissen ein und können sofort sehen, welche Stakeholder für Ihr Projekt kritisch sind. Prinzipiell sollten Sie danach für alle Stakeholder eine Stakeholder-Maßnahmen-Matrix (auch Kommunikationsmatrix) erstellen, mindestens jedoch für die in den roten Feldern und je nach kritischer Einschätzung auch die in den gelben Feldern.

Die Maßnahmen-Matrix ist eine Tabelle mit in der ersten Spalte die Namen der Stakeholder und in den folgenden Spalten sind die Maßnahmen notiert. Dies können z. B. sein, regelmäßige Besuche, Einbindung in jour-fix, Newsletter versenden oder vieles andere. Der Fantasie sind keine Grenzen gesetzt, außer den was gesetzlich erlaubt ist. Man unterscheidet hier in der Literatur zwischen aktiver Einbindung (persönlich) und passiver Einbindung. Tipp für die Praxis: Notieren Sie auch zu jedem Stakeholder wer im Projekt dafür zuständig ist. Ein kleines Erfolgsgeheimnis ist, dass Sie Aufgaben immer personalisieren sollten.

3.4　Risikoanalyse

Die Risikoanalyse ist zunächst die Suche nach Risiken, dann die Bewertung der Risiken und danach die Suche nach Maßnahmen und festlegen der Verantwortlichen und Termine. Aus Erfahrung gelingt dies am besten in einen oder mehreren Workshops mit interdisziplinären Teilnehmern, die Teilnehmer müssen nicht zwingend dem Projektteam angehören. Das Ganze regelmäßig wiederholt (z. B. alle 3 Monate) nennt man dann Risikomanagement.

Wie finden Sie Risiken? Z. B. alles was Ihnen spontan einfällt, aus dem Bauch heraus. Sie können das auch systematisch angehen, z. B. mit einer FMEA

Tab. 3.1 Tabelle Stakeholder

lfd. Nr.	Stakeholder	Interesse	Konfliktpotenzial	Machtpotenzial
1	Name 1	Beschreibung	Hoch	Hoch
2	Name 2	Beschreibung	Gering	Mittel
3	Name 3	Beschreibung	Mittel	Gering
4	Name 4	Beschreibung	Hoch	Mittel
5	Name 5	Beschreibung	Hoch	Mittel
6	Name 6	Beschreibung	Gering	Gering
7	Name 7	Beschreibung	Mittel	Mittel

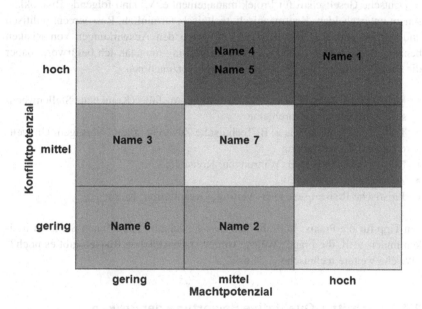

Abb. 3.5 Portfolio Stakeholder

(Fehler-Möglichkeits-und-Einfluss-Analyse) oder durch Interviews, Befragungen Einzelner oder in Gruppen, sowie durch die Analyse von Projektplänen, Projektdokumentationen und gesetzlichen Vorgaben oder einem Risikoworkshop. Nicht zu vergessen, aus der Umfeldanalyse (und eventuell auch aus der Stakeholderanalyse) können Risiken abgeleitet werden. Das Ergebnis ist eine Liste von Risiken, die identifiziert und dokumentiert sind. Am Ende ist jedes Risiko verständlich

charakterisiert und alle Teilnehmer und Projektmitglieder haben ein gemeinsames
Verständnis.

3.4.1 Schritt 1: Erfassung, Klassifizierung und Beschreibung der Risiken

Erstellen Sie eine Tabelle mit 5 Spalten und den Überschriften: Laufende
Nummer, Risikotitel, Risikobeschreibung, Risikoauswirkung und Risikoklassifizierung. Beschreiben Sie für jedes Risiko diese Ausprägungen.

Eine Nebenbemerkung zu den Risikoklassen: Gemäß GPM-Buch [7] (GPM
= Deutsche Gesellschaft für Projektmanagement e. V.) sind folgende Risikoklassen zu unterscheiden: Kaufmännisch, technisch, terminlich, Ressourcen, politisch
und interdisziplinär. Diese Klassen sind nach den Auswirkungen von Risiken
benannt. Letztendlich ist jedoch jede Auswirkung monetär. Ich befürworte daher
die Risikoklassifizierung nach den Gründen vorzunehmen:

- Menschliche Risiken, wie z. B. Konflikte, Ausfälle (Krankheit, Stellenwech-
  sel), Kommunikationsprobleme
- Technische Risiken, wie z. B. Technische Zuverlässigkeit / Versagen, Umwelt-
  probleme, Gesetzgebung
- Kostenrisiken, wie z. B. Währungen, Rohstoffe
- Zeitrisiken
- Juristische Risiken, wie z. B. Vertrag, Organisation, Kultur

Ein Tipp für die Praxis: Mithilfe der oben genannten Liste können Sie auch Risiken finden, z. B. die Frage „Welche weitere menschlichen Risiken gibt es noch?"
„Welche weitere technische …?" usw.

3.4.2 Schritt 2: Qualitative Bewertung der Risiken

Dazu erstellen Sie eine Tabelle mit 5 Spalten (siehe Tab. 3.2 Tabelle Risiko): Laufende Nummer, Risikotitel, Eintrittswahrscheinlichkeit (=EW), Tragweite (=TW)
oder Schadensausmaß und Risikowert (RW). Zunächst alle Risiken, die identifiziert wurden eintragen. Dann jedes Risiko hinsichtlich EW und TW bewerten,
anschließend den Wert EW mit Wert TW multiplizieren und als RW eintragen.

Wie erfolgt die Bewertung? Hier können Sie auch wieder verschiedene Bewer-
tungsskalen verwenden, ich empfehle eine 4er-Skala, damit haben Sie nachher im

Tab. 3.2 Tabelle Risiko

lfd. Nr.	Risiko Titel	EW	TW	RW
1	Risiko 1	4	2	8
2	Risiko 2	4	4	16
3	Risiko 3	1	2	2
4	Risiko 4	3	1	3
5	Risiko 5	2	4	8
6	Risiko 6	2	4	8
7	Risiko 7	1	1	1

Portfolio 16 Felder, das ist ein guter Kompromiss zwischen zu grob und zu fein. Die Bewertung muss auf alle Fälle eine Kardinalskala mit Zahlen sein, da damit ein Risikowert ausgerechnet wird.

Die folgende Bewertungsskala für EW und TW (siehe Tab. 3.3 und 3.4) ist eine Empfehlung aus der Praxis:

Für die Bewertung des Schadensausmaß oder Tragweite sollten Sie konkrete Werte für Ihr Projekt angeben. Z. B. könnte TW = 2 folgendes bedeuten: Die Kosten überschreiten das Budget oder die Herstellkosten um 0,5–1 % und

Tab. 3.3 Bewertungsskala EW

Bewertung EW	Eintrittswahrscheinlichkeit	Beschreibung
1	<25 %	Unwahrscheinlich
2	25–50 %	Wahrscheinlich
3	50–75 %	Hohe Wahrscheinlichkeit
4	>75 %	Fast sicher
Bewertung EW	Eintrittswahrscheinlichkeit	Beschreibung

Tab. 3.4 Bewertungsskala TW

Bewertung TW	Beschreibung
1	Keinen oder wenig Einfluss auf einzelne Projektziele
2	Einfluss auf einzelne Projektziele
3	Starke Gefährdung einzelner Projektziele
4	Gefährdung des Gesamtprojektes

der Zeitverzug beträgt 2–4 Wochen und einzelne Qualitätsziele (genau notieren welche) werden nicht vollständig erreicht.

Damit haben Sie eine Liste, die Sie nach RW sortieren können, um eine Reihenfolge der größten Risiken zu erhalten.

3.4.3   Schritt 3: Risikoportfolio erstellen

Bei großen Projekten mit einer hohen zweistelligen Zahl an Risiken empfehle ich wieder das Ganze grafisch zu visualisieren, analog dem Stakeholderportfolio. Diesmal sind die Achsen EW und TW mit jeweils einer 4er-Skala und damit insgesamt 16 Felder. Das Portfolio in 3 Bereiche rot, gelb, grün unterteilen. Üblich ist die Schnitte der Felder mit EW/TW = 4/2, 4/3, 4/4, 3/3, 4/3 und 2/4 mit rot zu markieren, also Bereiche in denen eine Risikovermeidung bzw. Risikobegrenzung, also präventive Maßnahmen ergriffen werden sollten. Der RW liegt hier zwischen 8 und 16.

Die Schnitte der Felder mit EW/TW = 4/1, 3/1, 3/2, 2/2, 3/3, 1/3 und 1/4 mit gelb markieren, also Bereiche in denen eine Risikoverminderung bzw. Risikoverlagerung, also korrektive Maßnahmen ergriffen werden sollten. Der RW liegt hier zwischen 3 und 6.

Die restlichen Felder sind grün zu markieren. Für Risiken, die hier auftauchen ist zu überlegen, ob überhaupt Maßnahmen ergriffen werden müssen, also das Risiko akzeptiert wird. Der RW ist hier 1 oder 2 (siehe Abb. 3.6 Portfolio Risiko).

Nachdem alle Risiken im Portfolio eingezeichnet sind, haben Sie einen Überblick welche sehr kritisch sind und welche weniger kritisch sind.

3.4.4   Schritt 4: Maßnahmen, Verantwortliche und Termine festlegen

Zumindest für die sehr kritischen, aber wenn möglich für jedes Risiko, sollten Sie geeignete Maßnahmen festlegen. Ob es nun präventive bzw. vorbeugende Maßnahmen und/oder korrektive bzw. risikovermindernde Maßnahmen sind, spielt in der Praxis kaum eine Rolle. Wichtig ist, dass Sie für jedes Risiko Maßnahmen festlegen, um die EW und TW zu reduzieren. Ein Erfolgsfaktor ist auch, dass Sie für jede Maßnahme einen Verantwortlichen mit Terminen festlegen und das dann regelmäßig „controllen", überwachen.

Erstellen Sie dazu eine Tabelle mit 11 Spalten: Laufende Nummer, Risikonummer, Risikotitel, Maßnahmen, Verantwortlicher, Termin bis die Maßnahme erledigt ist, aktuelle EW, neue EW, aktuelle TW, neue TW und Kosten der Maß-nahmen. Die Kosten der Maßnahme dienen dazu zu entscheiden, ob sich eine Maßnahme für ein Risiko lohnt, manchmal sind die Kosten der Maßnahme teurer als der Schaden, der bei Eintritt des Risikos entsteht.

Praxistipp: Danach die neuen Bewertungen für jedes Risiko in das Portfolio einzeichnen, so können Sie gut sehen, wie sich die Maßnahmen bei welchem Risiko ausgewirkt haben.

3.4.5 Schritt 5: Quantitative (monetäre) Bewertung der Risiken

Als letztes ist es empfehlenswert eine monetäre Bewertung der Risiken vorzuneh-men. Dazu eine Tabelle mit 6 Spalten erstellen: Laufende Nummer, Risikotitel, Auswirkung bei Eintritt des Risikos, Schadenshöhe in € bei Eintritt, Wahrschein-lichkeit des Eintritts in % und Risikobehalt. Risikobehalt ist die Multiplikation von Schadenshöhe in € bei Eintritt mit der Wahrscheinlichkeit des Eintritts in %.

Die Summe des Risikobehalts über alle Risiken ergibt einen Hinweis darauf, wieviel Geld (Euro) Sie bei Ihrem Projekt als Reserve in der Hinterhand behal-ten sollten. Ich empfehle die Schadenshöhe und Eintrittswahrscheinlichkeit so zu schätzen, als wenn die Maßnahmen für das Risiko erfolgreich umgesetzt wären.

Als Abschluss für das Kapitel Risiko habe ich noch ein Zitat und eine Definition.

Das Wort „Risiko" setzt sich in der chinesischen Sprache aus 2 Schriftzeichen zusammen: Chance und Gefahr.

Zitat Aristoteles: Zur Wahrscheinlichkeit gehört auch, dass das Unwahrschein-liche eintreten kann.

3.5 Organigramm

Ziele der Organisation sind die Regelung der Aufbau- und Ablauforganisation bzw. der statischen und dynamischen Aspekte (bei Projekten die Strukturierung des Projekts in verschiedene Phasen). Unter Organigramm gibt es zwei Möglich-keiten: Zum einen ist hier die Organisation von Projektmanagement (= PM) im Unternehmen, in der Stammorganisation zu verstehen.

Definition Projekt- und Programmorganisationen nach GPM [7]:

„Projekt- und Programmorganisationen sind spezifisch, temporär und an die verschiedenen Phasen des Projektlebenszyklus bzw. an die Bedingungen des

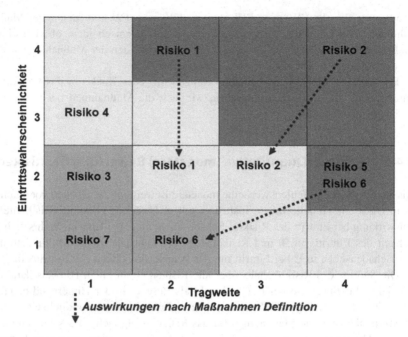

Abb. 3.6 Portfolio Risiko

Programmzyklus angepasst. Portfolioorganisationen sind denen von Stammorganisationen ähnlich und bilden häufig einen Teil derselben."

Es gibt grundsätzlich 3 Organisationsformen für Projektmanagement im Unternehmen:

- Einfluss- oder Stab-Linien-Projektorganisation
- Matrix-Projektorganisation
- Autonome oder reine Projektorganisation

Diese kommen in Reinform oder in Mischformen in Unternehmen vor. Ich gehe hier nicht näher auf Vor- und Nachteile und wann wird welche Organisation empfohlen ein. Das ist hinlänglich in der Literatur beschrieben.

Zum anderen ist es die Organisation des Projekts. Definition Projektorganisation nach GPM [7]:

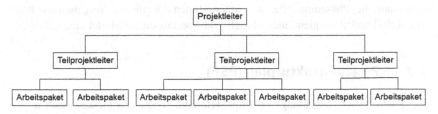

Abb. 3.7 Organigramm

„Die Projektorganisation besteht aus einer Gruppe von Menschen und der dazugehörigen Infrastruktur, für die Vereinbarungen bezüglich Autorität, Beziehungen und Zuständigkeiten unter Ausrichtung auf die Geschäfts- und Funktionsprozesse getroffen wurde. Dieses Kompetenzelement umfasst die Entwicklung und Aufrechterhaltung von geeigneten Rollen, Organisationsstrukturen, Zuständigkeiten und Fähigkeiten für das Projekt."

Folgende Aspekt sind u. a. bei der Projektorganisation zu beachten:

- Regelung der Verantwortlichen im Projekt.
- Wer hat welche Rolle im Team?
- Wer ist für was verantwortlich?
- Wer ist Stellvertreter für wen?
- Wie ist das Thema Eskalation geregelt?
- Wie ist das Projekt im zeitlichen Ablauf strukturiert?
- Welche (Teil-)Teams gibt es überhaupt?

Bei großen Projekten z. B. mit mehr als 100 Projektmitgliedern ist es üblich, dass es einen Gesamtprojektleiter gibt, als nächste Ebene die Teilprojektleiter und dann noch Arbeitspaketverantwortliche oder Funktionsgruppenleiter (siehe Abb. 3.7 Organigramm).

3.6 Phasen

In der Praxis wird dieser Schritt wenig bearbeitet, da es ja im Ablaufplan und Terminierung detaillierter beschrieben wird. Grundsätzlich geht es hier um eine grobe Phaseneinteilung des Projekts, es hilft das Projekt besser zu verstehen. Gemäß DIN-Norm 69.901 PM können Sie jedes Projekt in diese Phasen unterteilen: Initialisierung, Definition, Planung, Steuerung und Abschluss. Ich gehen hier nicht näher auf die Phasenmodelle, wie unternehmensspezifische Vorgehensmodelle, Wasserfallmodell, sequentielles Modell und überlappendes Model ein.

3.7   Projektstrukturplan (PSP)

Ein PSP ist eine Anordnung von Projektelementen, die den Gesamtinhalt und – umfang des Projekts strukturiert und definiert. Der PSP orientiert sich in der Regel an den Liefergegenständen oder Projektphasen. Jede niedrigere Ebene beinhaltet eine detaillierte Beschreibung eines Projektelementes. Für einfache, nichtkomplexe Projekte reicht im Allgemeinen der einfache hierarchische PSP aus. Die wesentlichen gebräuchlichen Aspekte bei der Strukturierung sind: Objektorientierung, Funktionsorientierung (Aktivitäten), Phasenorientierung und Gemischte Orientierung. Sollen weitere Aspekte hinzukommen, z. B. Kostenstruktur, Ortsstruktur – könnten diese auch mit einem Codierungssystem dargestellt werden. Die allgemeinen Elemente des PSP (englisch auch WBS work breakdown structure) sind das sogenannte Wurzelelement (also das Projekt oder Programm), Teilprojekte oder Teilaufgaben, die weiter zerlegbar sind und Arbeitspakete (= AP) als kleinste, nicht mehr zerlegbare Elemente (siehe Abb. 3.8 PSP).

Nebenbemerkung: Das Arbeitspaket ist das unterste und kleinste Element im PSP. Es kann aber im weiteren Verlauf der Projektmanagement-Prozesse für den Ablaufplan (und Terminplan, genauer einem Netzplan) in einzelne Vorgänge zerlegt werden, die aber wiederum über die PSP-Code-Nummer die Verbindung zum PSP halten sollten. Die Beziehungen zwischen Arbeitspaket und Vorgang können 1:1 oder 1:n sein, und mehrere Arbeitspakete können zu einem Sammelvorgang zusammengefasst werden.

In einem PSP stehen also alle „Liefergegenstände" bzw. Aufgaben eines Projekts, nicht ungeordnet, sondern strukturiert mithilfe einer „Baumdarstellung". Die Arbeitspakete sind noch nicht zeitlich geordnet, das erfolgt später. Die große Kunst ist den PSP auf der einen Seite nicht zu grob und auf der anderen Seite nicht zu fein zu erstellen, dies benötigt viel Erfahrung und Fingerspitzengefühl.

Idealerweise ist ein Arbeitspaket mit einem „Steckbrief" ähnlich dem Projektsteckbrief beschrieben. Es sollten jedoch folgende Angaben mindestens enthalten sein:

- Ordnungselemente, wie Titel, Nummer, usw.
- Verantwortlicher (Arbeitspaketleiter)
- Beschreibung AP und Ziele AP

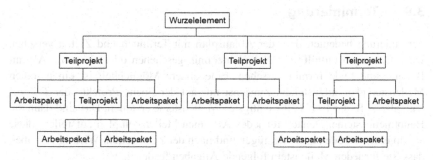

Abb. 3.8 PSP

- Beginn- und Ende-Termin (dies kann nachträglich nach der Terminierung eingetragen werden)
- Bei AP, die eine lange Laufzeit haben, ist es sinnvoll Zwischenmeilensteine anzugeben
- Kosten bzw. Budget und Aufwand des AP (dies kann nachträglich nach der Einsatzmittelplanung und Kostenplanung eingetragen werden)

Und wenn es sehr gut sein soll, dann auch noch die Risiken beschreiben, d. h. für jedes AP eine Risikoanalyse durchführen.

3.8 Ablaufplan

Ein Anlaufplan für Ihr Projekt ergibt sich, wenn alle AP des PSP in eine zeitliche Reihenfolge gebracht sind. Bei vielen Projekten entsteht so ein Netzplan. Es ist auch möglich Projekte ohne Netzplantechnik erfolgreich zu beenden, man denke hierbei vor allem an die Agilen PM-Methoden, wie z. B. Scrum oder andere. Auch gebe ich zu bedenken, dass vor allem bei Entwicklungsprojekten, die ja oft „Schleifen" in der Entwicklung haben, es schwierig ist das mit Netzplantechnik zu realisieren. Hier würde ich eher eine Meilensteintechnik bevorzugen. Bei sogenannten „Ablaufprojekten", wie z. B. ein Hausbau sehe ich die Netzplantechnik als richtig an. Es kommt also auf das Projekt an mit welcher Technik ich den Ablauf und die Terminierung mache.

Auf weitere Details der Netzplantechnik gehe ich hier nicht ein, dazu gibt es in der Literatur genügend Erklärungen.

3.9   Terminierung

Terminierung bedeutet, dass der Ablaufplan mit Terminen und Zeiten versehen wird. Dies kann mithilfe der Netzplantechnik geschehen oder eben alle AP mit Beginn- und Ende-Termin versehen. Eine andere Möglichkeit ist einen reinen Meilensteinplan aufzustellen. Zunächst nur auf der Ebene Projekt oder Teilprojekt, also z. B. die 10 bis 20 wichtigsten Meilensteine erstellen. Das sind dann die Hauptmeilensteine. Danach für jedes AP einen Meilensteinplan aufstellen, diese alle in einer Tabelle zusammenfügen und nach der Zeit ordnen. Wichtig ist dabei, dass Sie für jeden Meilenstein folgende Angaben festlegen:

- Ordnungselemente, wie Name des Meilensteins, Nummer, usw.
- Verantwortlicher für den Meilenstein
- Termin (ein konkretes Datum)
- Beschreibung: Was soll das Ergebnis des Meilensteins sein? (Kriterien zur Erfüllung)

Beispiele für Meilenstein sind (Wo soll ich Meilensteine setzen?):

- Verantwortungsübergaben, Organisationsänderungen
- Fachliche Entscheidungen: Freigaben, Beschaffungstermine, Qualitätsprüfungen, Audits, Zertifizierungen
- Planerische Entscheidungen: Größere Kapazitätsveränderungen, Umfeldveränderungen, z. B. Kooperationen, Standorte, Gesetze
  Zwischenergebnisse: Präsentationen Go/Nogo-Entscheidungen
- Phasen- (Jahres-) beginn und -ende für definierte Funktionen, z. B. Budget

Eine detaillierte Erklärung zu Meilensteintrendanalyse und der Erweiterung Meilensteintrendextrapolation erfolgt im Nachfolgebuch.

3.10   Einsatzmittelplanung

Bei der Einsatzmittelplanung geht um die Ressourcen, Personelle „Mittel" und Sachmittel. Informationen, Dokumente und Wissen werden im weiteren Sinn ebenfalls zu den Projektressourcen gezählt. Da diese jedoch einen sehr generischen Charakter aufweisen und anderen Gesetzen folgen, werden sie hier nicht behandelt. Ebenso gehe ich nicht näher auf Engpassressource oder Ressourcen-würfel (mit den 3 Dimensionen Was, Wer, Wann) ein. Ich stelle Ihnen hier ein einfaches Vorgehen für die Praxis vor.

Erstellen Sie eine Tabelle mit 8 Spalten: Laufende Nummer, AP-Name, ausführende Personen, benötigte Qualifikation, Aufwand in Stunden, benötigte Sachmittel, Beginndatum und Endedatum.

In diese Tabelle tragen Sie alle AP aus dem PSP ein und schätzen den zugehörigen Aufwand. Dann visualisieren Sie die Tabelle in einem Koordinatensystem. Auf der Abszissenachse (waagrechte Achse) notieren Sie die Zeit in einer für das Projekt geeigneten Einheit, auf der Ordinatenachse (senkrechte Achse) notieren Sie den Aufwand. Tragen Sie alle AP-Schätzungen ein. Die „Hüllkurve" über alle AP ergibt dann die sogenannte Einsatzmittelganglinie (in Abb. 3.9 die rote Linie). Wenn Sie dazu eine Linie Kapazitätsangebot einzeichnen, erhalten Sie ein Profil mit der Belastung (Nachfrage) und der Überlastsituation (siehe Abb. 3.9 Einsatzmittelganglinie).

Bemerkung: Wenn alle Projekte in Ihrer Firma dies so ausführen, dann kann die Zentrale eine Multiprojektbetrachtung, also Multiprojektmanagement betreiben, man erhält ein Multikapazitätsgebirge.

Die Qualität der Einsatzmittelplanung ist abhängig davon wie gut Sie die Aufwände schätzen. Dazu gibt es in der Literatur viele Hinweise, z. B. Analogieschätzungen (Multiplikatormethode, Prozentsatzmethode), Expertenschätzungen (Delphi-Methode top-down, informelle Expertenschätzungen top-down und bottom-up, Drei-Punkt-Schätzung bottom-up) oder fortgeschrittene Methoden (Parametrische Schätzungen = Algorithmische Methoden, Cocomo, Function Point).

3.11 Kostenplanung

Es existieren sehr viele Kostenarten im Unternehmen und damit auch im Projekt. Hier nehme ich zur Vereinfachung nur die Personalkosten und die Kosten für Sachmittel. Dies reicht in der Praxis aus, um eine Kostenplanung zu machen.

Erstellen Sie eine Tabelle mit 9 Spalten: Laufende Nummer, AP-Name, benötigtes Personal, Aufwand in Stunden, benötigte Sachmittel, Aufwand in €, Beginndatum, Endedatum und Dauer in Arbeitstagen oder Wochen.

In diese Tabelle tragen Sie alle AP aus dem PSP ein und schätzen die zugehörigen Kosten. In der Spalte Aufwand in € nicht nur die Personalkosten, sondern auch die Kosten für die Sachmittel eintragen. Danach visualisieren Sie die Tabelle

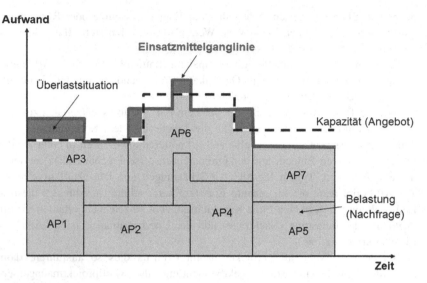

Abb. 3.9   Einsatzmittelganglinie

in einem Koordinatensystem. Auf der Abszissenachse (waagrechte Achse) notieren Sie die Zeit in einer für das Projekt geeigneten Einheit, auf der Ordinatenachse
(senkrechte Achse) notieren Sie die Kosten. Tragen Sie alle Kosten-Schätzungen
ein. Die „Hüllkurve" über alle AP ergibt dann die sogenannte Kostenganglinie
pro Zeiteinheit. Wenn Sie dazu eine Linie vorhandenes Budget einzeichnen, erhalten Sie ein Profil mit der Belastung. Zum Schluss noch die Kostenganglinie als
Summenkurve darstellen. Dort können Sie nun die kumulierten Werte im Zeit-
fortschritt sehen und eventuell mit den bisher ausgegebenen Kosten vergleichen
(siehe Abb. 3.10 Kostenganglinie und Kostensummenlinie).
  Zum Abschluss noch ein kleines „Schmankerl":

> „Gute Nachricht. Wir haben das Projekt zeit- und budgetgerecht abgeschlossen. Alles
> was wir noch tun müssen, ist zu prüfen, warum es nicht funktioniert hat:"

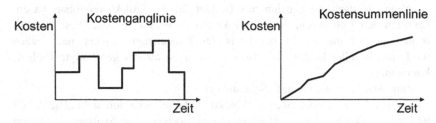

Abb. 3.10   Kostenganglinie und Kostensummenlinie

3.12   Projektabwicklung

Wie schon eingangs erwähnt, haben Sie damit wohl 60 % bis 70 % des gesamten Projektmanagementaufwands hinter sich gebracht. Jetzt kommt „nur" noch die Abwicklung.

Das bedeutet im wahrsten Sinne des Wortes „managen"! Regelmäßige Plan-Ist-Vergleiche und Prognosen zum Projektende erstellen, viele Zusammenkünfte, Besprechungen organisieren und moderieren, Protokolle und Tagebuchführen, ein Ohr oder ein Sinn für kritische Situationen haben und schnell eingreifen, eventuell Task-Forces aufstellen, Entscheidungen treffen, Fortschritt „kontrollieren", Änderungsmanagement einführen, Berichtswesen installieren, Probleme lösen, und, und, und. Das ist eine nicht vollständige Aufzählung dessen was ein Projektleiter und das Projektteam alles leisten muss. Ich behaupte, dass durch eine gute Vorarbeit das Projekt erfolgreich beendet wird.

Eine detaillierte Erklärung zu Hochrechnungen und Prognosen, Berichtswesen, Änderungsmanagement und Softfacts während der Projektsteuerung erfolgt im Nachfolgebuch. Ebenso wird auch im Nachfolgebuch eine Möglichkeit dargestellt, wie Sie den Reifegrad des Projekts und Produkts ermitteln können. Den Reifegrad zu jedem Zeitpunkt zu kennen, ist wichtig um das Projekt erfolgreich abschließen zu können. Erfolgreich heißt, dass alle Ziele erreicht wurden oder übererfüllt.

Noch ein Praxistipp: Sie haben die Kosten für Ihr Projekt ermittelt und nun ist es leider so, dass von der Geschäftsleitung oder dem Auftraggeber nur eine kleinere Summe als Budget genehmigt wird. Da heißt es nun gut mit der Geschäftsleitung oder dem Auftraggeber zu verhandeln. Dabei helfen Ihnen die bisherigen Planungen und Überlegungen der vorangegangenen Abschnitte als Argumentationshilfe.

Wenn Sie dann ein genehmigtes Budget für Ihr Projekt vereinbart haben, kann ich den Tipp geben, davon eine kleine Reserve zu bilden. Diese Reserve sollten nur Sie und ein kleiner Kreis des Projektteams kennen, nach außen wird ein offizieller Betrag (der etwas geringer ist als das genehmigte Budget) kommuniziert.

Zum Abschluss ein kleines „Schmankerl":

Vorsicht bei Formulierungen in Projektberichten: Wenn dort steht „Die Arbeit ist beendet. Die Ergebnisse erfordern jedoch noch weitere Analysen ...", dann bedeutet das wohl „...es funktionierte nicht ...".

3.13 Projektabschluss

In der Projektabschlussphase erfolgen die Produktabnahme, die Abschlussanalyse, die Erfahrungssicherung und die Projektauflösung. So wie der Projektauftrag quasi den „juristischen Anfang" des Projektvorhabens darstellt, so ist der Produktabnahmebericht als das „juristische Ende" des Projekts anzusehen. Ich empfehle die Kriterien für die Produktabnahme schon zu Beginn des Projekts festzulegen, sobald die Kundenanforderungen definiert sind. In der Abschlussphase geht es auch um Validierung und Verifikation sowie der Entlastung des Projektleiters/-teams.

In einem Abschlussbericht können viele Dinge angesprochen werden, mindestens sollten jedoch folgende Punkte enthalten sein:

• Eine Zielbetrachtung (welche Ziele sind erreicht, welche nicht)
• Eine Projektnachkalkulation
• Was ist gut gelaufen?
• Was ist verbesserungswürdig?
• Was haben wir für die Zukunft gelernt?

Das Beste aus Allen

4

Es gibt nicht die eine Methode und die eine Arbeitstechnik für erfolgreiches PM. Es kommt darauf an was für ein Projekt zu realisieren ist. Handelt es sich um ein Organisationsprojekt, ein Abwicklungsprojekt oder ein Innovationsprojekt oder in welchem Umfeld befindet sich das Projekt, welcher Kulturkreis? Auch die Frage der Technologie, von bekannt bis unbekannt, und die Anforderungen von bekannt bis unbekannt, spielen eine Rolle wenn entschieden wird welche Methoden und Arbeitstechniken anzuwenden sind. In der Literatur gibt es das „Stacey-Diagramm" [8], dort wird mithilfe eines Portfoliodiagramms empfohlen, wann welche Methode verwendet werden soll: Bei „Simple" sind die Anforderungen und die Technologien bekannt, bei „Complicated" sind sie etwas weniger bekannt, bei „Complex" stark unbekannt und bei „Chaos" gänzlich unbekannt. Je nachdem soll klassisches, hybrides oder agiles PM zum Einsatz kommen.

Pauschal kann auch ich nicht sagen, wann genau welche Methode und Arbeitstechnik zum Einsatz kommen soll. Es ist für jedes Projekt neu zu entscheiden. Jeder der am Anfang aufgezählten Begriffe wie Scrum, LEAN, Schwarm, Agil, Design-Thinking, Six Sigma, Extreme Programming (XP), hybrides PM und klassisches PM hat seine Berechtigung. Scrum z. B. finde ich als Arbeitstechnik eine gute Möglichkeit. Für ein neues Projekt würde ich persönlich den vorgestellten Fahrplan durcharbeiten und für die einzelnen Punkte je nach Situation eine andere Technik einsetzen.

Oder, und damit möchte ich zum nächsten Kapitel überleiten, ich arbeite den Fahrplan bis zum Punkt PSP inklusive ab und beginne danach eine neue Methode für den Rest des Fahrplans.

Bisher wurden die Kosten, die Termine und die Qualität (sprich Reifegrad) separat geplant und gesteuert bzw. „controlled". Ich stelle Ihnen hier eine Methode vor, die alle drei (Kosten, Termine, Reifegrad) integriert betrachtet. Ich würde

M. Weber, *Fahrplan für Projektmanagement in sechs Schritten*, essentials,
https://doi.org/10.1007/978-3-658-33979-1_4

sagen, dass ich Zeit, Kosten und Reifegrad zu einer Einheit zusammenführe und zwar in der Einheit EURO. Von Geld hat jeder eine Vorstellung, deshalb ist es doch schön, wenn man sagen kann das Projekt ist für rund 40.000 € voraus (also früher dran) oder für rund 50.000 € in Verzug. Oder wir haben eine positive Zielabweichung von 25.000 € und eine Aufwandsabweichung von −15.000 €. In Kap. 6 beschreibe ich diese neue Methode Schritt für Schritt, ich nenne sie Projektfortschrittstechnik.

Anmerkung: Einige Leserinnen und Leser werden vermutlich sagen, das ist doch „Earned-Value-Analyse", die im deutschen als Fertigstellungswertanalyse oder Fortschrittswertanalyse bezeichnet wird. Ja, es hat damit auf den ersten Blick eine Ähnlichkeit und doch gibt gravierende Unterschiede in der Methode, Ausführung und Interpretation. Ich könnte die Methode in Anlehnung an EVA (Earned-Value-Analyse) auch EVT (Earned-Value-Technique) nennen.

Anleitung/Leitfaden Projektfortschrittstechnik

5

5.1 Voraussetzungen Beginn

Vermutlich wird die Methode Projektfortschrittstechnik (EVT) auch funktionieren, wenn Sie nicht die ersten 4 oder 5 Schritte aus dem Fahrplan abgearbeitet haben. Aber ob das Projekt erfolgreich beendet werden kann, wage ich jedoch stark zu bezweifeln.

Also ich gehe davon aus, dass die Ziele definiert, die Randbedingungen geklärt sind, eine Umfeld-, Stakeholder- und Risikoanalyse wurde durchgeführt, die Organisation für das Projekt definiert und ein PSP erstellt.

Nun plane ich das Projekt mithilfe der Meilensteintechnik und steuere es mithilfe der Projektfortschrittstechnik. Als Beispiel nehme ich ein Projekt an, das 12 Monate Laufzeit und zur Vereinfachung nur ein Arbeitspaket hat, das das gesamte Projekt repräsentiert.

5.2 Planung

5.2.1 Schritt 1: Terminierung mithilfe der Meilensteintechnik

Das Projekt hat eine Laufzeit von 12 Monaten und ein Arbeitspaket, d. h. ich empfehle daher rund 10 bis 12 Meilensteine zu erstellen.

Beispiel für einen Meilenstein: Nehmen wir an, wir müssen eine neue innovative Waschmaschine auf den Markt bringen. Ich nehme weiter an, dass sie aus 500 Teilen besteht, davon sind die Hälfte Norm- oder Vorgängerteile. 250 Teile müssen wir neu konstruieren, davon Prototypteile herstellen, zu einem Prototyp verbauen und testen. Um Zeit zu sparen, können wir schon für einige Teile mit

Tab. 5.1 Liste der Meilensteine

MS-Nr.	MS-Titel	MS-Beschreibung	MS-Termin Plan
1	Titel1	Beschreibung1	12.01.
2	Titel2	Beschreibung2	02.02.
3	Titel3	Beschreibung3	22.03.
4	Titel4	Beschreibung4	31.03.
5	Titel5	Beschreibung5	15.04.
6	Titel6	Beschreibung6	28.05.
7	Titel7	Beschreibung7	01.07.
8	Titel8	Beschreibung8	10.08.
9	Titel9	Beschreibung9	01.09.
10	Titel10	Beschreibung10	25.10.
11	Titel11	Beschreibung11	09.11.
12	Titel12	Beschreibung12	24.12.

den Werkzeugen für die Serienfertigung beginnen. Parallel eventuell auch schon Pläne für die Produktion erstellen. Aus dieser kurzen Prozessbeschreibung lassen sich schon viele Meilensteine herauslesen. Exemplarisch nehme ich den Zeitpunkt erster Prototyp fertig zum Testen.

Meilenstein Nr. 1: Titel = 1. PT (für erster Prototyp).

Meilenstein Beschreibung: Erster lauffähiger Prototyp, der für den ersten Test verwendet wird.

Meilenstein-Termin: 13.04.200x.

Jeder Meilenstein (=MS) hat eine Nummer, eine Beschreibung (also das Ziel oder Ergebnis) und einen Termin. Die Meilensteine können voneinander abhängig sein, sie müssen es aber nicht. Unsere Liste sieht so aus, geordnet nach Datum (siehe Tab. 5.1 Liste der Meilensteine):

5.2.2   Schritt 2: Budgetierung der Meilensteine

Es werden für jeden Meilenstein die Kosten geschätzt, die nötig sind um den Meilenstein zu erfüllen. Zur Vereinfachung schätzen wir nur die Personal- und Materialkosten und addieren diese zu Gesamtkosten. Danach werden diese Kosten in der letzten Spalte kumuliert (Tab. 5.2 Meilensteine Kosten):

Tab. 5.2 Meilensteine Kosten

MS-Nr.	MS-Titel	MS-Beschreibung	MS-Termin	MS-Kosten in €	MS-Kosten kumuliert in €
1	Titel1	Beschreibung1	12.01.	5.000	5.000
2	Titel2	Beschreibung2	02.02.	20.000	25.000
3	Titel3	Beschreibung3	22.03.	48.000	73.000
4	Titel4	Beschreibung4	31.03.	0	73.000
5	Titel5	Beschreibung5	15.04.	15.000	88.000
6	Titel6	Beschreibung6	28.05.	24.000	112.000
7	Titel7	Beschreibung7	01.07.	50.000	162.000
8	Titel8	Beschreibung8	10.08.	40.000	202.000
9	Titel9	Beschreibung9	01.09.	33.000	235.000
10	Titel10	Beschreibung10	25.10.	22.000	257.000
11	Titel11	Beschreibung11	09.11.	38.000	295.000
12	Titel12	Beschreibung12	24.12.	12.000	307.000

Sie sehen hier zwei Dinge: Zum Ersten, dass es sein kann, dass ein Meilenstein keine Kosten hat. Dies ist durchaus möglich, z. B. ein reiner Entscheidungsmeilenstein. Allerdings würde ich es wenn möglich vermeiden Meilensteine nicht mit Kosten zu bewerten. Das heißt nun aber nicht, dass nicht bewertete Meilensteine entfallen können.

Zum Zweiten haben wir unten die Summe für unser Projekt. In dem Beispiel würde die Waschmaschine zu entwickeln und auf den Markt bringen 307.000 € kosten. Man nennt dies auch bottom-up Schätzung und diese muss beim Auftraggeber oder der Geschäftsleitung als Budget beantragt werden.

Zwei weitere Ziele stehen damit fest: 12 Monat Laufzeit, Start des Projekts ist der 1.1., Ende ist der 24.12. und Gesamtkosten bzw. Budget von 307.000 €. Der Startmeilenstein kann als weiterer Meilenstein notiert werden, muss aber nicht.

5.2.3 Schritt 3: Visualisierung

Die kumulierten Werte der Meilensteine in einem Diagramm darstellen. Zwischen den kumulierten Meilensteinwerten wird linearisiert. Als Ergebnis haben wir nun die Kurve Planaufwand.

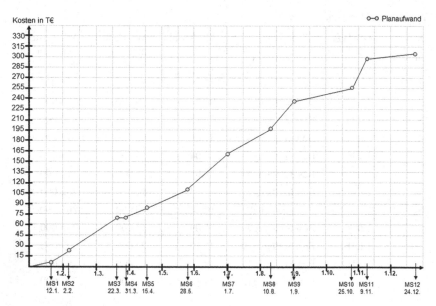

Abb. 5.1 Planaufwand

Definition: Der Planaufwand ist der über die Zeit kumulierte, geplante Aufwand (siehe Abb. 5.1 Planaufwand).

5.2.4   Schritt 4: Istaufwand

In der Regel wird der Istaufwand von der Buchhaltung eines Unternehmens periodisch zurückgemeldet. In dem Beispiel nehme ich an, dass ich jeweils zum Ersten des Monats einen Kontoauszug über die Istausgaben meines Projekts erhalte. Die Gesamtkosten stelle ich kumuliert dar, nicht pro Meilenstein. In Bild 17 sehen Sie einen möglichen Verlauf der Istkosten.

Definition: Der Istaufwand ist der periodisch zurück gemeldete Aufwand (siehe Abb. 5.2 Istaufwand).

Wir haben nun schon zwei Kennwerte: Planaufwand und Istaufwand, damit lässt sich ein regelmäßiger Plan-Ist-Vergleich durchführen. Wenn wir heute den 1.7. haben, so wäre der Planwert = 162.000 € und Istaufwand = 210.000 €, der Unterschied ist − 48.000 €. Es wurden also bisher 48.000 € zuviel ausgegeben. Das ist die konventionelle Interpretation. Eine Prognose der Istkosten für das

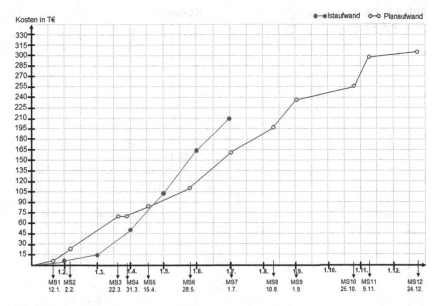

Abb. 5.2 Istaufwand

Projektende würde vermutlich voraussagen, dass wir eine massive Überschreitung des Budgets haben werden. Läuft das Projekt nun gut oder schlecht? Diese Frage beantworte ich mit dem Arbeitsfortschritt, also der Projektfortschrittstechnik.

5.2.5 Schritt 5: Planarbeitsfortschritt

Die inhaltliche Erfüllung eines Meilensteines stellt einen messbaren Arbeitsfortschritt dar.

Hierbei werden die zu einem bestimmten Zeitpunkt inhaltlich erfüllten Meilensteine in Form einer Stufenfunktion mit dem entsprechenden Wert abgebildet (siehe Abb. 5.3 Definition Arbeitsfortschritt).

Definition: Der Planarbeitsfortschritt ist der geplante meilensteinbezogene Aufwand zum Plantermin als Stufenfunktion (siehe Abb. 5.4 Planarbeitsfortschritt).

Abb. 5.3 Definition
Arbeitsfortschritt

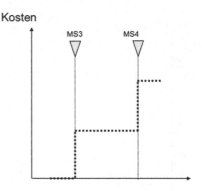

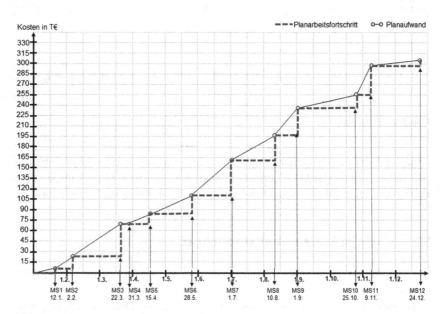

Abb. 5.4 Planarbeitsfortschritt

5.2.6   Schritt 6: Istarbeitsfortschritt

Um den Istarbeitsfortschritt einzeichnen zu können, benötigen wir die Isttermine der Meilensteine. Nehmen wir einmal folgenden Verlauf für das Projekt an (siehe Tab. 5.3 Zeitpunkte erfüllte Meilensteine):

Tab. 5.3 Zeitpunkte erfüllte Meilensteine

MS-Nr.	MS-Titel	MS-Beschreibung	MS-Termin Plan	**MS-Termin Ist**	geplanter Aufwand in €
1	Titel1	Beschreibung1	12.01.	**12.01**	5.000
2	Titel2	Beschreibung2	02.02.	**02.02**	20.000
3	Titel3	Beschreibung3	22.03.	**31.03**	48.000
4	Titel4	Beschreibung4	31.03.	**04.04**	0
5	Titel5	Beschreibung5	15.04.	**15.04**	15.000
6	Titel6	Beschreibung6	28.05.	**15.05**	24.000
7	Titel7	Beschreibung7	01.07.	**10.06**	50.000
8	Titel8	Beschreibung8	10.08.	**20.06**	40.000
9	Titel9	Beschreibung9	01.09.		
10	Titel10	Beschreibung10	25.10.		
11	Titel11	Beschreibung11	09.11.		
12	Titel12	Beschreibung12	24.12.		

Definition: Der Istarbeitsfortschritt ist der geplante meilensteinbezogene Aufwand zum Isttermin als Stufenfunktion. Also nicht der tatsächliche Istwert zum Isttermin (siehe Abb. 5.5 Istarbeitsfortschritt).

5.3 Abwicklung/Steuerung und Interpretation

Abb. 5.6 zeigt die Zusammenfassung der bisherigen Schritte.

Nehmen wir an der Berichtszeitpunkt heute ist der 15.7. (Neudeutsch = Time Now).

Wie in Abb. 5.7 „Kennzahlen im Detail" dargestellt, können wir zunächst 4 Kennzahlen auslesen:

1. Planwert = 180.000 €
2. Istwert = 215.000 €
3. Planarbeitsfortschritt = 162.000 €
4. Istarbeitsfortschritt = 202.000 €

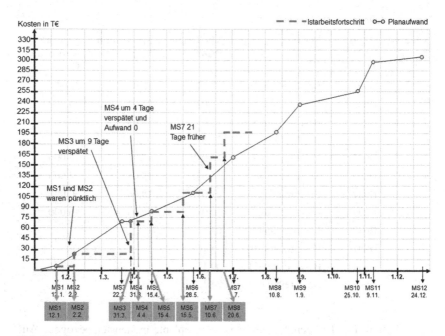

Abb. 5.5 Istarbeitsfortschritt

Wie in Abb. 5.8 „Kennzahlen Zeit" dargestellt, können wir noch eine weitere Kennzahl auslesen: Den Zeitvorsprung oder den Zeitverzug. Im Beispiel haben wir einen optimistisch geschätzten Zeitvorsprung von rund 7 Wochen und pessimistisch geschätzt von 3,5 Wochen. Der Isttermin von MS8 ist der 20.06., geplant war der 10.08., das sind 7 Wochen Zeitabweichung. Da aber der Berichtstermin heute der 15.07. ist, sind es pessimistisch gerechnet „nur" 3,5 Wochen Vorsprung.

Aus diesen 4 Kennzahlen werden weitere 5 Kennzahlen errechnet:

1. **Plan-Ist-Abweichung**
   = Plan – Ist = -35.000 €
2. **Zielvorsprung**
   = Istarbeitsfortschritt – Planarbeitsfortschritt = + 40.000 €
3. **Aufwandsabweichung**
   = Istarbeitsfortschritt – Ist = - 13.000 €
4. **Kosten Prognose Projektende**
   = Istaufwand + (Plangesamt - Istarbeitsfortschritt)

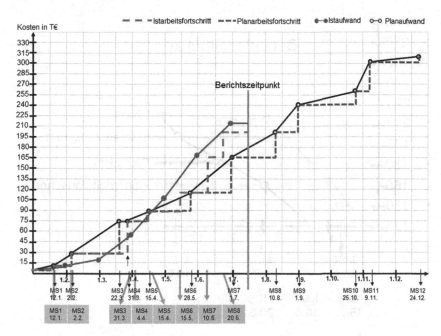

Abb. 5.6 Darstellung Gesamtfortschritt

$$= 215.000 + (307.000 - 202.000) = 320.000 €$$

5. **Zeit Prognose Projektende**

= TimeNow + (Plangesamtdauer − TimeNow) * Planarbeitsfortschritt/Istarbeitsfortschritt

= 25 Wochen + (51 Wochen − 25 Wochen) * (162.000/202.000) = rund 46 Wochen

Es wurden 35.000 € mehr ausgegeben als geplant. Der Zielvorsprung beträgt + 40.000 €, es wurden also für 40.000 € mehr Werte geschaffen als geplant. Die Aufwandsabweichung beträgt −13.000 €, d. h. für die tatsächlich ausgegebenen 202.000 € wurden für 13.000 € weniger Werte geschaffen (also nicht ganz so effizient). Die Prognose für die Gesamtkosten sind 320.000 €, das Budget wird voraussichtlich um 13.000 € überschritten. Das Projektende wird voraussichtlich 5 Wochen früher sein. Für den Berichtszeitpunkt am 15.7. ist der Zustand des Projekts wie folgt (siehe Tab. 5.4 Zusammenfassung Kennzahlen Berichtsstand 15.7.):

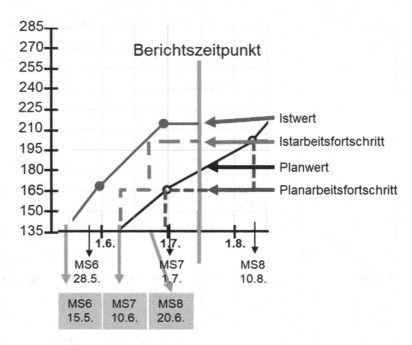

Abb. 5.7 Kennzahlen im Detail

Zurück zum Anfang als nur der Plan-Ist-Vergleich vorhanden war und die Frage, ob das Projekt nun gut oder schlecht läuft. Die Antwort darauf: Es wurde zwar mehr Geld ausgegeben als geplant, dafür wurden aber schon mehr Ziele erreicht als geplant und das Projekt wird wohl früher beendet werden. Der momentane Zeitvorsprung beträgt 3 bis 5 Wochen. Als Handlungsbedarf würde ich im Moment eine Ausgabenkontrolle und eine Überprüfung der Effizient empfehlen.

Das ist der Projektstand zum konkreten Berichtszeitpunkt. Es ist nun so, dass zu einem späteren Berichtszeitpunkt die einzelnen Kennwerte etwas abweichen werden. Wenn Sie z. B. jeden Monat einen Projektstand erstellen, dann werden die Kennzahlen schwanken. Das ist normal und völlig in Ordnung, solange eine vorher bestimmte Grenz nicht überschritten wird. Wichtig ist auch den Trend zu erkennen (siehe Abb. 5.9 Verlauf Plan-Ist-Abweichung).

Als Beispiel nehme ich die Kennzahl Plan-Ist-Abweichung, bei regelmäßigen monatlichen Berichten könnte der Verlauf wie folgt sein:

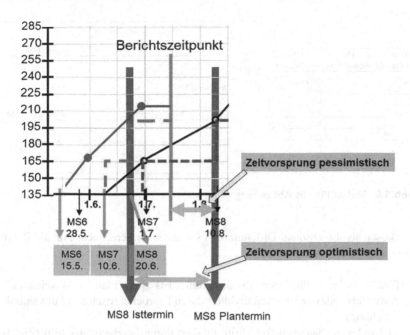

Abb. 5.8 Kennzahlen Zeit

Tab. 5.4
Zusammenfassung
Kennzahlen Berichtsstand
15.7

Kennzahl	Wert in €
Zielwert Plan	307.000
Planwert	180.000
Istwert	215.000
Planarbeitsfortschritt	162.000
Istarbeitsfortschritt	202.000
Plan-Ist-Abweichung	−35.000
Zielvorsprung	40.000
Aufwandsabweichung	−13.000
Kosten Projektende	320.000
Zielwert Dauer	51 Wochen = 24.12
Zeit Projektende	46 Wochen = 22.11

Berichts-zeitpunkt	Plan-Ist-Abweichung in €	in % von Zielwert
01.02.	10.000	3,3%
01.03.	15.000	4,9%
01.04.	-1.000	-0,3%
01.05.	-12.000	-3,9%
01.06.	3.000	1,0%
01.07.	-2.000	-0,7%

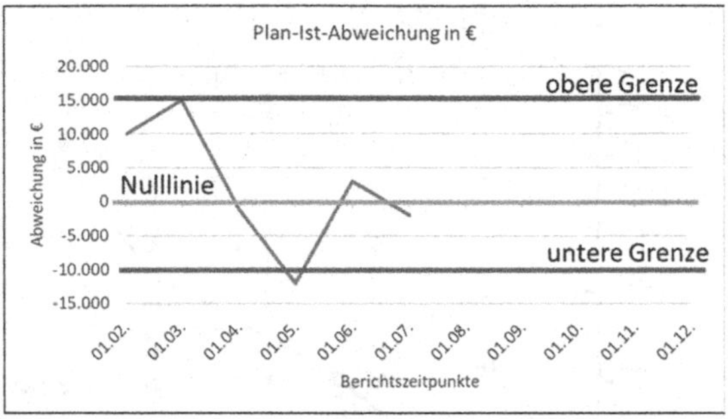

Abb. 5.9 Verlauf Plan-Ist-Abweichung

Besser als die absolute Differenz ist es Indizes zu berechnen. Für die Praxis kann ich 3 Indizes empfehlen:

1. Plan/Ist-Index = Plankosten dividiert durch Istkosten (Plan-Ist-Abweichung)
2. Aufwands-Index = Istkosten dividiert durch Istarbeitsfortschritt (Aufwandsabweichung)
3. Ziel-Index = Planarbeitsfortschritt dividiert durch Istarbeitsfortschritt (Zielabweichung)

In Abb. 5.10 „Plan/Ist-Index" ist ein Beispiel für den Plan/Ist-Index dargestellt. Hier sieht man auch, dass es zu empfehlen ist, die oberer und untere Grenz gegen Ende des Projekts enger zu setzen. Am Anfang ist ja noch vieles unsicher und daher können größere Abweichungen toleriert werden. Gegen Ende des Projekts sollten die Abweichungen gegen Null gehen. In dem Beispiel sieht es so aus, als ob der Trend in die richtige Richtung geht.

Diese vielen Analysen und Prognosen zu erstellen ist das Eine, das Andere ist, dass der Projektleiter immer noch „mitdenken" muss. Nur weil man solche Planungen und Darstellungen erschafft läuft das Projekt nicht von selbst. Wenn während der Projektabwicklung in den Analysen Abweichungen auftauchen, so muss man natürlich den Ursachen auf den Grund gehen und geeignete Maßnahmen ergreifen. Damit aber im Projekt rechtzeitig erkannt wird, ob und wann das Ziel gefährdet ist, dafür helfen sehr gut die hier vorgestellten Methoden und Techniken.

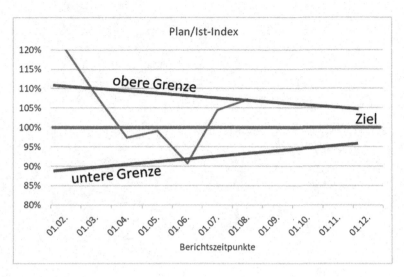

Abb. 5.10   Plan/Ist-Index

Kleine/große Projekte 6

Sie haben also nun eine neue Methode kennengelernt, um den Reifegrad eines Projekts zu ermitteln. Um die Methode erklären zu können, habe ich ein einfaches Beispiel gewählt. In großen, komplexen Projekten wird man nicht nur ein Arbeitspaket haben. Grundlage dafür ist der PSP mit den Zwischenebenen Teilprojekt und auf unterster Ebene die Arbeitspakete. Die vorgestellte Technik Projektfortschrittstechnik wird nun für jedes Arbeitspaket durchgeführt. Alle Arbeitspakete (eines Teilprojekts) werden dann zu dem jeweiligen Teilprojekt hochaggregiert und alle Teilprojekte wiederrum zum Gesamtprojekt. Wenn alles nach Plan läuft wird die Projektsicht keine großen Abweichungen zeigen, sollten welche erkannt werden, wird man zuerst die Analysen der Teilprojekte anschauen und danach die der Arbeitspakete und sich so von oben nach unten durcharbeiten.

Für kleine, einfache Projekte wird man nicht einen so großen Planaufwand betreiben. Oft genügen nur vereinfachte Ausarbeitungen der vorgestellten Methoden und Techniken.

M. Weber, *Fahrplan für Projektmanagement in sechs Schritten*, essentials, https://doi.org/10.1007/978-3-658-33979-1_6

Fazit 7

Egal ob traditionelles und klassisches Projektmanagement oder agiles „Projektmanagement" oder weitere „Projektmanagements", das Management muss sich an das Projekt anpassen, nicht umgekehrt. Zur Erinnerung: PM ist die Gesamtheit von Führungsaufgaben, -organisation, -techniken und -mitteln für die Initialisierung, Definition, Planung, Steuerung und den Abschluss von Projekten. Und es muss nicht so sein, dass die 5 Phasen (Initialisierung, Definition, Planung, Steuerung, Abschluss) sequentiell abgearbeitet werden müssen. Es können hier Überlappungen und sogar „Rückschritte" und Wiederholungen erfolgen. Als größten Erfolgsfaktor sehe ich die Betonung der frühen Phase im Projekt. Spätere Probleme sind meist auf unzureichende Klärung in der Frühphase zurückzuführen. Das betrifft nicht nur die Ziele zu klären, sondern auch den Umfang und die Randbedingungen. Mit welchen Methoden und Werkzeuge Sie die Klärung machen, ist letztendlich egal, Hauptsache Sie machen Sie. Übrigens ist Ziele setzen nicht so einfach und trivial wie es viele meinen. Danach würde ich eine Umfeld-, Stakeholder- und Risikoanalyse empfehlen. Erst dann ist eine weitere Planung und Abwicklung des Projekts machbar. Die weitere Planung und Realisierung des Projekts kann mit unterschiedlichen Methoden geschehen. Als sehr einfache Möglichkeit hat sich die Meilensteintechnik bewährt, in der auch Methoden wie Scrum umgesetzt werden könnten. Ein Vorteil der Meilensteintechnik ist, dass mit einer zusätzlichen Budgetierung das Projekt mithilfe einer speziellen Earned-Value-Technik (nicht zu verwechseln mit der Earned-Value-Analyse) gesteuert und ins Ziel gebracht werden kann. Es sind zu jedem Zeitpunkt Aussagen zum Reifegrad und Prognosen zum Projektende möglich.

Die Organisation und Struktur eines Projekts ist ein weiterer Erfolgsfaktor. Sie können ein Projekt als Schwarmorganisation genauso gut verwirklichen, wie in der klassischen Organisationsform. Entscheidend ist die Zusammenarbeit und

M. Weber, *Fahrplan für Projektmanagement in sechs Schritten*, essentials, https://doi.org/10.1007/978-3-658-33979-1_7

Kommunikation aller Stakeholder, dafür ist die Projektleitung verantwortlich. Nicht zu unterschätzen ist der Faktor Mensch im Projekt. Ich behaupte die Beherrschung der „Softfacts" ist die „halbe Miete". Softfacts wie Umgang miteinander, Teamwork, Kommunikation, Führung und Mitarbeiter. Dieser Erfolgsfaktor wurde hier nicht behandelt.

Zusammenfassend kann man sagen, dass die Phasen oder Schritte am Anfang des Projekts und die Softfacts am Wichtigsten sind. Man kann nie früh genug beginnen.

Als Fazit könnte ich auch sagen, PM (Projektmanagement) ist auch gesunder Menschenverstand. Es gilt wie überall im Leben, das rechte Maß zu finden.

Was Sie aus diesem *essential* mitnehmen können

- Wie Sie Projekte erfolgreich realisieren können
- Mithilfe einer neuen Methode den Reifegrad eines Projektes bestimmen und
- damit das Scheitern des Projektes verhindern
- Die Voraussetzungen zum Projektstart systematisch klären

M. Weber, *Fahrplan für Projektmanagement in sechs Schritten*, essentials,
https://doi.org/10.1007/978-3-658-33979-1

Literatur

1. Droege & Comp. und KMPG (2002) https://www.handelsblatt.com/archiv/studie-von-droege-und-comp-konzerne-lahmen-bei-der-kostensenkung/2197840.html?ticket=ST-1600540-7JJNwnuroZDWUoeNR1ml-ap4 Zugegriffen: 28.12.2020
2. Markus Gaulke, KPMG mit 124 internationale Unternehmen, (2002) http://www.markus-gaulke.de/index.php/projekte-sichernZugegriffen: 28.12.2020
3. Gröger, Manfred, projektMANAGEMENT, (4/2004) https://www.projektmagazin.de/artikel/projektmanagement-abenteuer-wertvernichtung_6859Zugegriffen: 28.12.2020
4. GPM-Projektmanagement Studie mit PA Consulting Group, (2007) https://www.gpm-ipma.de/know_how/studienergebnisse/pm_studie_2008_erfolg_und_scheitern_im_pm.htmlZugegriffen: 28.12.2020 und https://www.projektmagazin.de/artikel/fuenf-erfolgsfaktoren-fuer-projekte_7135Zugegriffen: 28.12.2020
5. Project Management Institute (PMI), (2016) https://www.kayenta.de/training-seminar/artikel/studie-des-pmi-organisationen-verschwenden-millionen-im-projektmanagement.htmlZugegriffen: 28.12.2020
6. Design-Thinking https://de.wikipedia.org/wiki/Design_ThinkingZugegriffen: 28.12.2020
7. Kompetenzbasiertes Projektmanagement (PM3), Handbuch für die Projektarbeit, Qualifizierung und Zertifizierung, 2009 GPM Deutsche Gesellschaft für Projektmanagement e.V., Frankenstraße 152, 90461 Nürnberg (Deutschland/Europäische Union). 1. Auflage 2009: 1-2000
8. Stacey-Diagramm https://www.projektmagazin.de/glossarterm/stacey-matrixZugegriffen: 28.12.2020

Printed in the United States
by Baker & Taylor Publisher Services

Printed in the United States
by Baker & Taylor Publisher Services